AF177696

Einmal Schnitzel mit Buch

Kurze Geschichten in Einfacher Sprache

Spaß am Lesen Verlag
www.einfachebuecher.de

Autorin: Marion Döbert
Redaktion: Jürgen Genuneit

Der Verlag dankt den Testleserinnen Hiyam aus Syrien,
Maiia aus der Ukraine und Mascha aus Russland.

© 2020 | Spaß am Lesen Verlag, Münster.

Nichts aus dieser Ausgabe darf ohne vorherige schriftliche Genehmigung
des Herausgebers vervielfältigt, in einer automatisierten Datenbank
gespeichert oder in irgendeiner Weise – elektronisch, mechanisch, in
Form von Fotokopien, Aufnahmen oder auf andere Art – veröffentlicht
werden.

ISBN 978-3-948856-13-7

Marion Döbert

Einmal Schnitzel mit Buch

Kurze Geschichten in Einfacher Sprache

Schwierige Wörter oder Ausdrücke sind <u>unterstrichen</u>. Die Erklärungen stehen in der Wörter-Liste am Ende des Buches.

Inhalt

Einmal Schnitzel mit Buch

Seit 20 Jahren arbeite ich
im Hotel *Zur schönen Aussicht.*
Ich bin Köchin.
Natürlich bin ich nicht Küchen-Chef.
Küchen-Chefs, das werden nur Männer.
Ich koche die Speisen und lege sie auf den Teller.
Der Meister prüft alles und stimmt zu.
Manchmal schiebt er ein Salat-Blatt
von rechts nach links.
Oder von links nach rechts.
So ist es 20 Jahre gut gegangen.

Doch jetzt sollen wir nicht mehr
Hotel *Zur schönen Aussicht* heißen.
Jetzt heißen wir *Panorama International Hotel.*
Wir haben einen neuen Geschäfts-Führer.
Er hat jeden zu sich bestellt.
Einen Mitarbeiter nach dem anderen.
Auch mich.

Der neue Geschäfts-Führer sieht mich an.
Sehr ernst sieht er mich an.
Er spricht von einem neuen Hotel-Konzept.
Von moderner Küche.
Vorbei ist die Zeit von Schnitzel und Braten.
Vorbei ist die Zeit von Gulasch-Suppe.

„Vorbei ist auch Ihre Zeit in unserer Küche."
Habe ich richtig gehört?
Der junge Mann schmeißt mich einfach raus.
Sie brauchen mich nicht mehr.
Das sagt er mir mitten ins Gesicht.

Erst bin ich nur schockiert.
Tagelang hänge ich vor dem Fernseher.
Ich weiß nicht, wie das geht. Ohne Arbeit zu sein.
Tagelang sehe ich mir Koch-Sendungen an.

Bis es mir reicht.
Ich schwöre mir:
Ich mache es so, wie die Chinesen es machen:
Chinesen geben nie auf.
Chinesen sind zäh.
Und wenn die ganze Welt untergeht:
Irgendwo gibt es immer noch ein China-Restaurant.
So wie bei uns unten im Haus,
das Restaurant von Frau Li Sing.

Li Sing hat mich gefragt,
ob ich mal nach unten kommen kann.
Wir setzen uns an einen Tisch.

Li Sing hat Tränen in den Augen.
„Meine Mutter ist krank.
Ich muss zu ihr.

Ich muss für einige Zeit nach China zurück.
Ich weiß nicht, für wie lange.
Was soll hier nur werden?
Was soll nur aus meinem Restaurant werden?"

Ich sehe mich um.
Das Restaurant ist nicht sehr groß.
Und ein bisschen altmodisch,
mit den roten Lampions.
Ich habe hier ab und zu gegessen.
Und manchmal sogar ausgeholfen.
Ich mag Li Sing.

Eigentlich hat Li Sing Literatur studiert.
Deutsche und chinesische Literatur.
Ihre Wohnung über dem Restaurant
ist voll mit Büchern.

„Was soll ich nur mit den Büchern machen?",
fragt mich Li Sing.
„Ich liebe meine Bücher.
Aber ich kann sie nicht mit nach China nehmen.
Und ich will ja auch wieder zurückkommen."
Ich lege meine Stirn in Falten.
Ich denke nach.

Dann fallen mir die Koch-Sendungen ein!
Da gab es einen Film über ein Lokal in Paris.

Die Wände waren voll mit Büchern.
Und dazwischen saßen die Menschen beim Essen.
Lesen und essen,
das ist der Renner in Paris.
Dieses Restaurant der Wörter.

Am nächsten Tag räumen Li Sing und ich auf.
Der Wok kommt weg. Die Stäbchen auch.
In den Schränken stehen jetzt
meine Töpfe und Pfannen.

Stundenlang schrauben wir Regale an die Wände.
Wir schleppen Bücher von oben aus der Wohnung
nach unten ins Lokal.
Wir räumen die Bücher in die Regale.
Wir scheuern die Tische aus Holz ganz blank.
Wir stellen Kerzen und Lese-Lampen darauf.
Und schließlich sitzen wir todmüde
in unserem neuen Lokal.

„Ich halte die Stellung, bis du wiederkommst",
sage ich zu Li Sing.
„Zwei Wochen bin ich ja noch hier", sagt sie.
„Da kann ich dir noch helfen."

Und das war auch bitter nötig.
Schnell hat sich herumgesprochen,
womit wir gar nicht gerechnet hatten:

Neues Kult-Lokal! Studenten-Treff.
Tolles Essen!
Frikadellen wie bei Muttern.
Schnitzel, die noch nach Schnitzel schmecken.

Chinesinnen kommen in Gruppen vorbei.
Sie lesen in den Büchern in beiden Sprachen.
Für sie ist hier Heimat und Deutschland zugleich.
Sie fotografieren meine Schnitzel
und schicken sie per Smart-Phone
zur Familie nach China.

Der Laden ist voll.
Wir sind überglücklich.

Zwei Wochen später bringe ich Li Sing
zum Flughafen.
Ich winke ihr zu.
Hoffentlich kommt sie bald zurück.

Während ich die Linsen-Suppe vorbereite,
klingelt das Telefon.

Ein Mann von der Behörde will den Namen wissen.
Ich sage meinen Namen.
„Nein", sagt er, „ich brauche den Namen
von Ihrem Lokal.
Wir müssen den Namen eintragen."

In meinem Kopf rattern die Gedanken.
An einen Namen haben wir gar nicht gedacht.

„Na, irgendeinen Namen
wird Ihr Lokal doch haben!"
Der Mann von der Behörde ist ungeduldig.
Da sage ich schnell ohne nachzudenken:
Die lesende Chinesin.
Der Mann ist zufrieden.
Er legt auf.

Zum Glück kann er mich nicht lachen hören.
Ich lache, bis mir die Tränen kommen.
Denn erstens bin ich keine Chinesin.
Und zweitens kann ich nicht lesen.
Aber ein Leben mit Büchern,
das gefällt mir richtig gut!

Das erste Mal

Jeder Mensch hat einen großen Traum.
Einen ganz starken Wunsch.
Eine Vorstellung davon,
was ihn richtig glücklich machen könnte.
Manche Menschen sagen:
„Ich möchte viel Geld haben.
Mit Geld kann ich mir alles kaufen.
Das würde mich glücklich machen."

Andere sagen:
„Geld macht nicht glücklich."
Ich weiß genau,
was mich glücklich machen würde:
Das Fliegen!
Mein großer Traum ist das Fliegen:
Eines Tages will ich über den Wolken schweben.
Eines Tages will ich selber ein Flugzeug steuern.
Eines Tages will ich ein Pilot sein!

Und das wird jetzt gar nicht mehr lange dauern.
Morgen ist meine erste Flug-Stunde.
Morgen zeigt mir Jürgen Müller,
wie das praktisch geht mit dem Fliegen.
Jürgen Müller ist mein Flug-Lehrer.
In meiner Vorstellung bin ich schon viele Male
gestartet und gelandet.

Und natürlich auch da oben geflogen.
Im theoretischen Unterricht haben wir
alles gelernt, was man beim Fliegen tun muss.
Im Flug-Simulator war alles fast echt.
Wie in einem richtigen Cockpit.
Aber morgen,
da wird es richtig ernst.

In der Nacht kann ich kaum schlafen.
So aufgeregt bin ich.

Um zehn Uhr begrüßt mich Jürgen Müller
am Flughafen.
Das Flugzeug ist schon aufgetankt.
Es ist eine Cessna für zwei Personen.
Genau das richtige Flugzeug
für die erste Flug-Stunde.
Nicht zu groß und nicht zu klein.

Jürgen Müller und ich setzen uns die Head-Sets auf.
Über die Kopf-Hörer und das Mikrofon sind wir
mit der Boden-Kontrolle verbunden.
Da sitzen die Kollegen, die den Luftraum
überwachen und die Flugzeuge am Boden.
Ohne ihre Freigabe darf niemand
starten oder landen.
„Rollen Sie zur Piste", sagen sie und
„Start frei!"

„Dann mal los!", sagt Jürgen Müller.
„Beim Starten und Landen siehst du erst mal zu.
Aber oben in der Luft übernimmst du das Steuer."
Ich nicke, und ich beobachte ganz genau,
was Jürgen Müller macht.
Wenige Minuten später sind wir schon
oben in der Luft.

Jürgen Müller zeigt auf Tasten und Schalter,
auf Hebel und Anzeige-Uhren.
Ich muss alles benennen und erklären.
So wie im Flug-Simulator.
Überall im Cockpit blinken Lichter.
Linien bewegen sich auf Bild-Schirmen.
Lichter flackern von den Mess-Geräten.
Lichter vom Bord-Computer.
Der Bord-Computer ist am wichtigsten.
Hier werden alle Daten einprogrammiert:
der Kurs, also die Flug-Route,
die Flug-Höhe, die Geschwindigkeit.

Plötzlich verändert sich
das Gesicht von Jürgen Müller.
Er sagt zu mir:
„Jetzt kannst du ..."
Aber dann spricht er nicht weiter.
Er kann nicht mehr weitersprechen.
Sein Gesicht ist weiß wie Kreide.

„Herr Müller?", sage ich.

„Herr Müller?"

Nichts.

Jürgen Müllers Kopf fällt nach vorne.

Sein Körper hängt schwer in dem Sicherheits-Gurt.

Ich fasse ihn an der Schulter an.

Ich schüttele ihn leicht.

Aber er sackt nur noch tiefer in sich zusammen.

Müller ist bewusstlos.

Müller ist ohnmächtig.

Oder ist er tot?

Meine Hände sind eiskalt.

Tausend Gedanken rasen durch meinen Kopf.

Die Boden-Kontrolle!

Die Mitarbeiter da unten, die im Tower sitzen.

Ich muss mit ihnen Kontakt aufnehmen.

Ich drücke die Sprech-Taste am Head-Set.

„Cessna 3 an Tower!

Cessna 3 an Tower!

Meldet euch!

Hier spricht Max Langer."

Sofort meldet sich einer von ihnen.

„Tower an Cessna 3.

Was ist los, Max?

Warum ist dein Flug-Lehrer nicht am Mikro?"

Es dauert nur wenige Sekunden,
bis sie alles verstanden haben.
Aber während ich alles erkläre, wird mir klar:
Ich muss das Ding hier nach unten bringen.
Ich muss die Cessna übernehmen.
Ich muss sie landen.
Komme, was wolle.
Es gibt keinen anderen Ausweg.
Es gibt nur einen einzigen Weg:
den nach unten!

Die Boden-Kontrolle hat einen Piloten geholt.
Zur Unterstützung.
Der Pilot redet ruhig auf mich ein:
„Keine Sorge, Max.
Wir holen euch da runter.
Mach nur genau das,
was wir dir sagen.
Mach alles so,
wie du es im Simulator gelernt hast.
Du schaffst das.
Bleib nur ganz ruhig!"

Ich atme tief ein und aus.
Ganz ruhig bleiben?
Ich habe noch nie ein Flugzeug gelandet.
Ich denke an meine Eltern.
Und an den lieben Gott.

Und an alle,
die mich jetzt beschützen könnten.

Ich kontrolliere alle Instrumente.
Ich ändere den Kurs Richtung Flug-Platz.
Schritt für Schritt mache ich am Bord-Computer,
was mir der Pilot da unten sagt.

Zwischendurch sehe ich zu Jürgen Müller.
Seine Brust hebt und senkt sich.
Er atmet. Gott sei Dank!
Aber er ist noch immer nicht bei Bewusstsein.
Vielleicht hat er nur einen Schwäche-Anfall.
Ich hoffe, dass es nichts Schlimmeres ist.
Ich kann nichts machen.
Ich kann ihm nicht helfen.
Nicht jetzt. Nicht in dieser Situation.

Hoffentlich stirbt er nicht.
Hoffentlich müssen wir beide nicht sterben.
Jürgen Müller ist ein feiner Kerl.
Und ich? Ich bin viel zu jung zum Sterben.
Ich denke an meine Frau.
Und an meine beiden Kinder.

Ich werde Jürgen Müller beweisen,
dass ich bei ihm das Fliegen gelernt habe.
Auch wenn es meine erste Flug-Stunde ist.

Jürgen Müller hat mir alles beigebracht.
Ich habe immer für meinen Traum gelernt.
Theoretisch und im Flug-Simulator.
Ich will nicht, dass aus meinem Traum
ein Alb-Traum wird.

Unter mir sehe ich die Lande-Bahnen.
Sie sehen furchtbar klein aus.
Viel zu klein für einen einzigen Fehler.
„Du machst keinen Fehler", sage ich zu mir selbst.

„Du musst jetzt den Sink-Flug vorbereiten, Max.
Drossel die Geschwindigkeit!", sagt der Pilot.
„Geh runter mit dem Tempo!"

Ich gebe unsere Höhe und Geschwindigkeit durch.
„Noch weiter runter!", sagt er.
Ich habe Schweiß-Tropfen auf der Stirn.
Ich sehe auf den Knopf für die Lande-Klappen.

„Lande-Bahn 2", sagt die Boden-Kontrolle.
„Lande-Bahn 2 ist frei.
Feuerwehr und Rettungs-Wagen stehen bereit.
Du wirst es schaffen, Max.
Wir drücken dir die Daumen."

„Lande-Klappen ausfahren!", sagt der Pilot.
„Und denk dran:

Wenn du das Roll-Feld vor dir hast,
nicht zu hoch und nicht zu tief anfliegen!
Und behalt die Nerven!
Es kann nur gut gehen."

Oder auch nicht, denke ich.

„Es war immer mein Traum",
sage ich zu Jürgen Müller und mir.
„Mein Traum vom Fliegen.
Aber das Landen, Herr Müller,
das hätte ich vorher gerne einmal geübt."

Jürgen Müller kann mich nicht hören.
Er bekommt nichts mit.
Alles, was hier passiert, bekommt er nicht mit.
Ich beneide meinen Flug-Lehrer darum.
Andererseits:
Wenn ich die Landung schaffe, dann ist es schade,
dass ausgerechnet er das nicht mitbekommt.

Wenn ich die Landung aber nicht schaffe ...
Nerven behalten!,
hat der Schutz-Engel-Pilot da unten gesagt.
Yes, Sir, denke ich und muss schmunzeln:
Mein Schutz-Engel sitzt da unten
in der Boden-Kontrolle.
Und ich fliege hier oben im Himmel rum.

Inzwischen sind wir so tief mit der Cessna gesunken,
dass ich die Rettungs-Sanitäter sehen kann.
Ich sehe ihre angespannten Gesichter.
Ihre Gesichter sehen aus wie mein Gesicht:
besorgt und sehr ernst.
Ich muss die Cessna jetzt aufsetzen.
Jetzt muss ich sie auf den Boden bringen.
Nicht zu hoch und nicht zu tief!
Am liebsten würde ich die Augen zumachen.

„Quatsch", sage ich zu mir selbst
„Das hier, das ist deine Chance.
Du bist jetzt der Pilot.
Du bist das, was du immer sein wolltest."

Ich spüre auf einmal keine Angst mehr.
Ich fühle nur noch eine tiefe, innere Ruhe.
Und einen großen Wunsch:
Aufsetzen! Rollen! Ausrollen!
Und vor allem: Sie sollen Jürgen Müller retten!

Ich ziehe die Nase von der Cessna leicht nach oben.
Ich fahre die Lande-Klappen aus.
Ich steuere die Cessna
über die Mitte der Lande-Bahn.
Ich halte die richtige Lande-Geschwindigkeit.
Die Räder setzen auf.
Ein heftiger Stoß!

Alles ruckelt und wackelt.
Jürgen Müller kippt zur Seite.
Zum Glück ist er angeschnallt.
Die ganze Maschine vibriert.
Aber wir sind auf dem Boden!
Wir sind unten!
Ich habe das Flugzeug nach unten gebracht!

Ich bremse.
Vorsichtig.
Nicht zu stark, nicht zu schwach.
Jetzt darf ich kein Risiko mehr eingehen!
Und dann kommt die Cessna zum Stehen.
Wir stehen!
Jürgen Müller und ich sind angekommen!
Feuerwehr und Rettungs-Wagen
kommen auf uns zu.
Sofort holen sie Jürgen Müller aus dem Flugzeug.
Und mich wollen sie auch holen.
Aber ich steige ganz alleine aus.

Aus dem Tower kommt ein Mann heraus.
Er winkt und lacht und läuft auf mich zu:
mein Schutz-Engel-Pilot!
Er nimmt mich in die Arme.
Er klopft mir auf die Schulter, und er sagt:
„In meinen ganzen Berufs-Jahren
habe ich so etwas noch nicht erlebt."

Ich lache und sage:
„Ich auch nicht.
Ganz ohne Berufs-Jahre."

„Eins ist sicher", sagt mein Schutz-Engel.
„Du wirst ein sehr guter Pilot!"

Wasser-Mann

Ich weiß: Ich muss Sport machen.
Unbedingt!
Ich sitze den ganzen Tag im Büro.
Ich werde ganz steif dadurch.
Und außerdem bekomme ich einen dicken Bauch.
Ich brauche Bewegung.

Bei uns im Schwimm-Bad gibt es einen Kurs:
Wasser-Gymnastik für Frauen.
Erst überlege ich:
Ist das wirklich was für mich?
Turnen im Wasser?
Aber dann melde ich mich doch an.

Als Erstes kaufe ich mir einen Bade-Anzug.
Einen gelben Bade-Anzug.
Er leuchtet so hell wie die Sonne.
Auf dem Bade-Anzug stehen Buchstaben.
Rote Buchstaben.
Ein ganzer Satz steht da geschrieben:
„Schwimme wie ein Fisch im Wasser mit mir!"
Ich freue mich jetzt schon auf die erste Stunde.
Auf die erste Stunde von dem Kurs.

Der Kurs-Leiter heißt Tom.
Tom gefällt mir sofort.

Er ist groß und stark.
Seine Haut ist braun.
Und seine Augen leuchten freundlich.
Was für ein schöner Mann!
Der Kurs wird mir ganz bestimmt gefallen.

Tom steht oben am Rand des Schwimm-Beckens.
Wir anderen sind alle im Wasser.
Tom ruft uns zu,
was wir machen sollen:

„Erst einmal warmlaufen.
Lauft durch das Wasser!
So schnell ihr könnt!"

Wir rennen gegen das Wasser an.
Gar nicht so leicht.
Das Wasser drückt gegen Arme und Beine.
Ich atme schon schneller.
Aber jetzt geht es erst richtig los.

„Auf der Stelle hüpfen!", ruft Tom.
„Beine auseinander, Arme zusammen.
Dann Arme auseinander, Beine zusammen!"
Ich hüpfe so kräftig ich nur kann.
Ich hüpfe viel höher als die anderen.
Und plötzlich merke ich:
Ich will Tom gefallen.

In meinem gelben Bade-Anzug.
Ich habe eine schöne Figur darin.
Mein kleiner Bauch ist fast gar nicht zu sehen.
So eng ist der Bade-Anzug.
Die Buchstaben leuchten über meiner Brust:
„Schwimme wie ein Fisch im Wasser mit mir!"

Das Wasser ist warm.
Und mir wird immer wärmer.
Durch die Bewegung.
Oder durch die Blicke von Tom?
Hat er nicht gerade zu mir hingesehen?
Viel länger als zu den anderen Frauen?

Ich renne und hüpfe.
Ich springe und spucke Wasser.
„Jetzt alle an den Rand!", ruft Tom.
Wir schwimmen zum Becken-Rand.
Wir halten uns dort fest.
Wir legen uns auf den Rücken ins Wasser.
„Und jetzt die Beine bewegen!", ruft Tom.
„So wie Fahrrad fahren.
Schneller, meine Damen.
Noch ein bisschen schneller!"

Ich trete viel schneller als die anderen Frauen.
Tom lächelt.
Ich strecke mich weit aus dem Wasser hinaus.

So kann er besser lesen,
was auf meinem Bade-Anzug steht:
„Schwimme wie ein Fisch im Wasser mit mir!"

„Jetzt umdrehen!", ruft Tom.
„Am Rand festhalten und auf den Bauch legen!"
Alle drehen sich um.
In diesem Moment sehe ich es.
Eine Katastrophe!
Das darf doch nicht wahr sein!
Das kann nicht wahr sein!
Aber es ist wahr:
Im Wasser schwimmt ein Buchstabe.

Erst verstehe ich nicht:
Wieso schwimmt hier ein Buchstabe?
Wieso schwimmt ein „S" hier im Wasser?
Ein roter Buchstabe aus dünnem Gummi.
Daneben schwimmt ein „e".
Ein rotes „i" verschwindet gerade im Abfluss.

Ich sehe an mir herunter.
Oh nein!
Die Buchstaben lösen sich
von meinem Bade-Anzug ab.
Einer nach dem anderen.
Das „S" ist schon weg.
Und ein „e" und ein „i".

Hoffentlich sieht das keiner!
Und vor allem nicht Tom!

Ich versuche, die Buchstaben festzuhalten.
Ich versuche, die Buchstaben einzusammeln.
Einer klebt an meinem Arm.
Ein anderer in meinen Haaren.
Ich stopfe ein „c" in meinen Bade-Anzug hinein.
Und auch ein „m" und ein „t".
Dabei bewege ich mich schnell.
Damit keiner was merkt.
Ich mache mich krumm.
Ich ziehe meine Brust ein.
Keiner soll sehen,
wie die Buchstaben hier im Wasser schwimmen.
Und wie ich sie in meinen Bade-Anzug stopfe.
Wenn doch die Stunde endlich vorbei wäre!
Diese verdammte Kurs-Stunde!
Wieso habe ich mich überhaupt
zu diesem blöden Kurs angemeldet?

„Das war es, meine Damen", ruft Tom gut gelaunt.
Die anderen Frauen klatschen.
Ich bleibe auf dem Bauch im Wasser liegen.
Ich tue so,
als würde ich mich entspannen.
Als würde ich noch einmal meine Muskeln dehnen.
Zum Glück sagt keiner was zu mir.

Ich warte, bis alle in die Umkleide gehen.
Dann steige ich vorsichtig aus dem Wasser.

Ich sehe nach rechts.
Ich sehe nach links.
Dann laufe ich zum Klo.
Ich schließe mich ein.
Ich lehne mich gegen die Tür.
Ich mache die Augen zu.
Erst einmal ausatmen.
Ich muss erst einmal ruhiger werden.

Als ich die Augen wieder aufmache,
sehe ich mich im Spiegel.
Meine Haare hängen nass vom Kopf herab.
Wie ein nasser Hund sehe ich aus.
Aber viel schlimmer ist, was von dem schönen Satz
auf dem Bade-Anzug übrig geblieben ist.
Auf der Brust sehe ich den Rest von den Buchstaben:
„… Fisch … mi … mi!"
Tränen steigen mir in die Augen.
Wie sich das anhört:
„… Fisch … mi … mi!"

„Das hast du davon", sage ich zu mir.
„Alte Angeberin!
Du hast zu wild im Wasser geturnt.
Nur, damit Tom dich sieht.

Und das hast du jetzt davon.
Den Bade-Anzug kannst du auch vergessen."

Für mich ist klar:
Diesen Kurs werde ich nicht weitermachen.
Auf keinen Fall!
Wenn Tom was mitbekommen hat …
Wenn er auf meiner Brust gelesen hat:
„… Fisch … mi … mi!"
Wenn er gesehen hat,
wie ich die Buchstaben versteckt habe …
In meinem Bade-Anzug!
Nein!
Ich kann Tom nie mehr wiedersehen.
Aus!
Vorbei!

In der Umkleide ist es ruhig.
Leise öffne ich die Tür.
Alle sind weg.
Ich trockne mich ab.
Ich ziehe mich um.
Jetzt noch die Schuhe.
Und dann nichts wie weg von hier!

Als ich die Tür aufmache,
steht er vor mir:
Tom, unser Kurs-Leiter.

Ich kann nicht an ihm vorbeilaufen.
Er steht mitten in der Tür.

„Ich habe da noch ein ‚W' gefunden", sagt er.
Und er lacht.
Dabei hält er den Gummi-Buchstaben
zwischen seinen Fingern.
Am liebsten möchte ich im Boden versinken.
Ich bekomme kein Wort raus.

„Vielleicht sollten wir etwas gemeinsam
genießen?", fragt er leise.
„Etwas, das mit dem Buchstaben ‚W' anfängt?"
„Ich verstehe nicht", sage ich.
Da lacht er noch einmal und sagt:
„Wie wäre es mit einer guten Flasche Wein?
Ich lade Sie gerne dazu ein.
Buchstaben verbinden doch.
Oder?"

Ich sehe ihn an.
Ich nicke, und ich lache.
Seitdem ist Tom mein Wasser-Mann.

Der Schlüssel

Raus!, denkt Paula.
Ich muss raus hier.
Seit Tagen liegt sie im Bett.
Oder sie läuft im Schlaf-Anzug herum.
Hin und her.
Wie ein Tiger im Käfig.
Seit acht Tagen.

Vor acht Tagen hat Tim ihr gesagt:
„Es tut mir leid."
„Was tut dir leid?", hat sie gefragt.
Sie konnte schon ahnen,
was er sagen würde.

Immer später ist er nach Hause gekommen.
Abend für Abend.
Wenn Paula schon im Bett lag.
Er dachte, sie schläft.
Aber immer hat sie das Parfüm gerochen.
Den Duft von einer anderen Frau.
Oder von anderen Frauen?

„Was tut dir leid?", hat sie noch einmal gefragt.
Tim hat nichts geantwortet.
„Du feiges, kleines Arsch-Loch!",
hat Paula gerufen.

Dann hat sie ihn aus der Wohnung geworfen.
Vor acht Tagen.

Seitdem hat sie nichts mehr von Tim gehört.
Die Beziehung ist vorbei.
Einfach so?
Für Tim ist es leicht.
Für Paula nicht.
Tagsüber ist sie wütend.
Nachts muss sie weinen.
Wie eine Katze rollt sie sich dann ein.

Aber so kann das nicht weitergehen.
Ich muss raus hier, denkt Paula.
Und Paula geht raus.

Auf dem Floh-Markt kann sie sich
am besten verstecken.
In dem Gewühl der vielen Menschen
sieht keiner ihr Gesicht.
Blass und verheult ist ihr Gesicht.

Paula geht lustlos
zwischen den Ständen umher.
„Hey, Sie da!", ruft plötzlich ein Mann.
Paula dreht sich um.
„Ja, Sie meine ich", sagt der Mann.
Überrascht geht Paula zu seinem Stand.

Vor dem Mann liegen Berge von Sachen
auf dem Tisch:
Bücher, Kleidung, Werkzeug, Geschirr.

„Der hier", sagt der Mann,
„der passt am besten zu Ihnen."
Dabei drückt er Paula einen Schlüssel in die Hand.
Einen Schlüssel mit Anhänger.
Fragend sieht Paula den Verkäufer an.
„Sie müssen lesen, was darauf steht", lacht er.

„Zimmer 18", sagt Paula.
Sie ist immer noch ratlos.
„Ein Hotel-Schlüssel", sagt sie.
„Mit einem Anhänger dran, von früher."
„Ja", sagt der Mann.
„Lesen Sie, was auf der Rück-Seite steht."

Paula dreht den Anhänger um:
„Hotel *Belle-Vue*, Boppard", liest sie.
„Und warum soll das am besten zu mir passen?"

„Weil Sie Kummer haben", sagt der Mann.
„*Belle-Vue* heißt *Schöne Aussicht*.
So was können Sie jetzt gut gebrauchen.
Für einen Euro kriegen Sie den Schlüssel.
Ach was", sagt er dann.
„Sie bekommen ihn geschenkt. Als Glücks-Bringer."

Paula steckt den Schlüssel ein.
Sie dankt dem Händler.
Sie kann es noch nicht glauben:
Er hat sie tatsächlich zum Lächeln gebracht.

Zuhause muss sie immer wieder
an den Schlüssel denken:
Ob es das Hotel noch gibt?
Und das Zimmer?
Und wo ist überhaupt Boppard?

Sie liest im Internet:
Boppard. Stadt in Rheinland-Pfalz.
Direkt am Rhein. Wein-Berge.
Und da, ein Hinweis auf das alte Hotel.
Das *Belle Vue* gibt es also immer noch.
Paula denkt an die Worte des Händlers:
„So was können Sie jetzt gut gebrauchen."

Zwei Wochen später kommt Paula in Boppard an.
„Haben Sie einen besonderen Zimmer-Wunsch?",
fragt die Dame am Empfang des Hotels *Belle Vue*.
„Zimmer 18", sagt Paula sofort.
„Oh, das ist unser Dichter-Zimmer",
sagt die Empfangs-Dame.
„Auf dem Tisch liegt das Gedicht über die Lore Lay.
Davon haben Sie sicher schon gelesen.
Die Lore Lay war eine wunderschöne Frau.

Oben auf einem Felsen am Rhein hat sie gesessen.
Und mit ihrer Schönheit hat sie
alle Männer verrückt gemacht.
Die sind dann mit ihren Schiffen
gegen die Felsen gestoßen und untergegangen.
Lore Lay war traurig darüber.
Aber am schlimmsten war,
dass ihr Liebster sie verlassen hatte.
Und weil sie Liebes-Kummer hatte,
wollte sie sterben.
Unser Dichter-Zimmer wird Ihnen
bestimmt gefallen."

Vorsichtig öffnet Paula die Tür zu Zimmer 18.
Goldenes Licht scheint herein.
Die Sonne taucht alles in Wärme.
Paula öffnet die große Tür zum Balkon.
Da sieht sie den Rhein.
Und die weißen Schiffe.
Und die grünen Berge,
bedeckt mit Wein.

Sie setzt sich an den Tisch.
Und sie liest in dem Gedicht:

Ich darf nicht länger leben,
Ich liebe keinen mehr –
...

Mein Schatz hat mich betrogen,
Hat sich von mir gewandt,
Ist fort von hier gezogen,
Fort in ein fremdes Land.

...

Denn alles muss verschwinden,
weil er nicht bei mir ist.

...

Die Jungfrau sprach: „Da gehet
Ein Schifflein auf dem Rhein,
Der in dem Schifflein stehet,
Der soll mein Liebster sein!"

...

Da lehnt sie sich hinunter
Und stürzt sich in den Rhein.

Paula klappt das Buch zu.
Eine Weile denkt sie nach über das Gedicht.
Sie schüttelt den Kopf
und sagt zu sich:
„So dumm wie die Lore Lay,
so dumm bin ich nicht."
Dann packt Paula ihre Wander-Schuhe aus.
Und sie macht sich auf den Weg.
Auf einen neuen, unbekannten Weg.

Der Dachboden

Lisa Möller kommt vom Einkaufen zurück.
Sie trägt die Tasche nach oben.
Lisa wohnt im vierten Stock.
Über ihrer Wohnung ist nur noch der Dachboden.

Lisa wohnt gerne hier oben.
Hier kann sie alles sehen,
was unten auf der Straße passiert.
Und gleichzeitig ist sie weit genug weg.
Weit genug weg von allem,
was sich da unten abspielt.
Hier oben ist sie in Sicherheit.
Sie will mit den ganzen Sachen da unten
nichts zu tun haben.
Am liebsten will sie davon gar nichts wissen.

Von ihrem Fenster aus kann Lisa
in das Geschäft sehen.
Unten, auf der anderen Straßen-Seite.
Es ist der Lebensmittel-Laden,
Ihr Laden, in dem sie immer einkauft.

Der Laden gehört Samuel Weis.
Jeden Tag ist er in seinem Geschäft.
Von morgens ab 7 bis abends um 6.
Er ist immer für seine Kunden da,

zusammen mit Ruth.
Mit Ruth, seiner Verkäuferin.

Seit einiger Zeit gibt es nicht mehr viel zu kaufen.
Denn es ist Krieg.
Manchmal ist die Butter schon aus.
Oder es gibt nicht genug Brot.
Oder Mehl und Zucker sind weg.
Seit Beginn des Krieges gibt es
Marken für Lebensmittel.
Marken für Brot, Butter, Käse, Kartoffeln ...
Auf den Marken steht drauf, was man kaufen darf.
Man muss sich die Marken sehr genau einteilen.
Aber manchmal reicht es trotzdem nicht aus.
Und manchmal bekommt man
für die Marken gar nichts,
weil es nicht genug Lebensmittel gibt.

Die jungen Leute fahren dann raus zu den Bauern.
Kilometer weit fahren sie mit dem Fahrrad.
Raus aufs Land.
Für ein paar Kartoffeln, für Gemüse,
für ein kleines Stück Fleisch.
Aber Lisa kann nicht rausfahren.
Sie ist alt.
Und ein Fahrrad hat sie auch nicht.
Samuel Weis sieht,
wenn Lisas Marken nicht mehr ausreichen.

Er sieht, wenn sie Hunger hat.
Dann steckt er ihr manchmal
heimlich etwas in die Tasche:
zwei Eier, ein halbes Pfund Mehl,
ein paar Kartoffeln.
So kommt Lisa über die Runden.
Sie schämt sich.
Weil sie arm ist.
Aber eigentlich sind alle arm in dieser Zeit.

Ruth muss jetzt einen gelben Stern tragen.
An ihrer Bluse.
Es ist ein Juden-Stern.
Ruth war immer fröhlich.
Bis jetzt.
Mit allen Kunden hat sie gelacht.
Sie war immer höflich.
Sie hat jedem Kunden zugehört.
Sie hat jedem geholfen, der Hilfe brauchte.

Seit sie den Juden-Stern trägt,
schaut sie nicht mehr auf.
Sie sieht keinem Kunden mehr in die Augen.
Ruth will nichts falsch machen.
Ruth hat Angst.
Sie sagt nur noch ganz leise
„Auf Wiedersehen".
Wenn sie überhaupt noch etwas sagt.

Wenn Lisa genug Mehl und Eier hat,
dann bäckt sie einen Kuchen.
Und sie bringt ein paar Stücke runter in den Laden.
Für Samuel und Ruth.
Dann lächelt Ruth.
Aber nur kurz.
Und vorsichtig.

Lisa ist oben in ihrer Wohnung.
Plötzlich hört sie den Lärm.
Da draußen. Da unten.
Sie geht ans Fenster.
In der Straße steht ein Lastwagen.
Die SS, denkt Lisa.
Schon wieder!

Männer in Uniform springen
von dem Wagen runter.
Kinder laufen weg.
Frauen sehen weg. Und sie laufen schneller.
Auch alle Männer gehen schneller.
Sie schieben ihre Hüte tiefer ins Gesicht.
Lisa versteckt sich hinter der Gardine.

Die SS stürmt in das Haus hinein.
In das Haus von Familie Salomon.
Die Familie wohnt neben Familie Weis.
Direkt neben ihrem Lebensmittel-Laden.

„Mein Gott!", flüstert Lisa.
„Sie holen Josef, Esther und die Kinder!"
Die Männer zerren Esther
auf den Lastwagen hinauf.
Esther ist die Mutter der Familie.
Esther schreit! Esther schlägt um sich!
Sie will zu ihren Kindern.
Josef sackt zusammen.
Er ist ganz bleich.

Ein SS-Mann brüllt: „Ruhe! Maul halten!"
Er wirft die Kinder auf den Wagen.
Wie Bündel aus Papier.
Fußgänger drücken sich
an den Schau-Fenstern entlang.
In den Fenstern sehen sie alles gespiegelt.
Sie sehen im Schau-Fenster den Lastwagen.
Sie sehen Esther und Josef.
Die Kinder sehen sie nicht mehr.
Der Wagen verschwindet am Ende der Straße.
Auf einmal ist es leer in dieser Straße.

Als Lisa das nächste Mal einkaufen geht,
nimmt Samuel Weis sie zur Seite.
„Ruth muss untertauchen", flüstert er Lisa zu.
„Wenn Ruth bei mir im Laden bleibt,
wird sie auch eines Tages abgeholt.
Die SS wird sie umbringen.

In Auschwitz oder da, wo sie sonst noch
ihre Höllen haben."
Lisa bekommt Angst.

In Lisas Straße sagt man:
Juden werden von der SS
in Lager verschleppt.
Dort müssen sie hart arbeiten.
Sie werden geschlagen.
Sie werden gefoltert.
Und sie werden getötet.
Auch schwangere Frauen und auch Kinder.
Und alle, die der Regierung nicht passen.
Menschen, die politisch anders denken.
Sinti und Roma.
Homo-Sexuelle.
Zeugen Jehovas und viele mehr.
In der Straße spricht man nur flüsternd darüber.
Keiner weiß etwas Genaues.
Lisa will es auch nicht wissen.

Der Krieg ist schon schlimm genug.
Nie gibt es genug zu essen.
Und immer fühlt man sich bedroht.
Mir geht es doch auch nicht anders, denkt Lisa.
Sie will diese ganzen Sachen nicht hören.
Dann kann sie nicht schlafen
und träumt auch schlecht.

Aber Samuel Weis redet weiter:
„Mich werden die wohl nicht mehr holen."
Dabei sieht er auf den gelben Stern an seiner Jacke.
„Ich bin bestimmt schon zu alt für die Arbeits-Lager.
Aber Ruth ist jung.
Wir müssen sie verstecken!"

Lisa wird bleich.
Wer Juden versteckt,
wird selbst verschleppt,
gefoltert, getötet.
Lisa beißt sich auf die Lippen.

Sie lebt alleine in ihrer Wohnung.
Schon lange.
In ihrem Leben war sie noch nie mutig.
Nicht als Kind und auch nicht als Erwachsene.
Mutig sein heißt: Angst überwinden.
Doch vorher muss man sich der Angst stellen.
Man muss ihr mitten ins Gesicht sehen.
Mitten in die Fratze der Angst!
Und dann muss man sich entscheiden,
was man mit ihr macht. Mit dieser Angst.
So machen es die Mutigen, denkt Lisa.
Aber ich kann das nicht.

Laut sagt sie zu Samuel Weis:
„Ich hätte gerne ein Brot."

Ruth zuckt zusammen.
Sie schaut nur ganz kurz auf.
Ihr Blick brennt sich bei Lisa ein.
Wie eine Tätowierung auf der Haut.

In der ganzen Nacht kann Lisa nicht schlafen.
Wenn sie kurz einschläft, träumt sie schlecht
und wird vor Schreck wieder wach.
Ich bin unverdächtig, denkt Lisa.
Ich halte mich aus allem raus.
Das ist das Beste.
Dann lässt man mich in Ruhe.
Sie schließt ihre Augen.
Und doch kann sie nicht schlafen.
Der Blick von Ruth.
Er brennt in ihren Gedanken.

Am nächsten Morgen steht Lisa müde wieder auf.
Sie schaut in den Spiegel,
in ihr altes Gesicht.
Wenn sie einmal stirbt,
wird man sie vergessen,
wie ein Blatt im Herbst-Wind.
Nichts wird an sie erinnern:
keine Tat für irgendwas,
keine Tat für irgendwen.
Wenn sie stirbt,
bleibt nur Leere, am Ende ihres Lebens.

Lisa schaut weiter in den Spiegel.

Ihr wird heiß.

Ihr wird kalt.

Sie zittert und ruft ihrem Spiegel-Bild entgegen:

„Du musst dich entscheiden!

Das nimmt dir keiner ab.

Du musst dich entscheiden!"

Der nächste Tag ist ein Sonntag.

Lisa klingelt bei Samuel Weis.

„Ich habe keine Eier", sagt er ärgerlich zu Lisa.

„Ich komme nicht deswegen", sagt sie leise.

Sie sieht ihn bittend an.

Samuel versteht.

Er lässt Lisa in die Wohnung.

„Ich habe den Dachboden", sagt Lisa.

„Der gehört mir allein.

Da kann Ruth bleiben.

Bis alles vorbei ist."

Samuel lächelt.

Er nimmt Lisa in die Arme.

„Sie sind mutig, Frau Möller!"

„Noch nicht", antwortet Lisa leise.

„Aber ich fange damit an."

Das Geschenk

Diese blöde Kuh!, denke ich.
Mein Herz schlägt mir bis zum Hals.
Aber meine Wut hält nicht lange an.
Sie verwandelt sich in Tränen.
Diese Frau hat mir so weh getan.
Ihre Worte haben mich getroffen.
Wie ein scharfes, kaltes Messer.

Dabei sollte es ein schöner Tag werden:
Die Sonne scheint.
Keine Wolke am Himmel.
Wie herrlich muss es sein,
am Strand zu joggen.
Also habe ich mir gesagt:
„Rein in die Lauf-Schuhe und ab zum Strand!"

Und plötzlich steht da dieser Hund.
Ein riesiger Rottweiler.
Kein kleiner Hund zum Kuscheln.
Kein Tier zum Schmusen.
Kein treuer Dackel mit kurzen Beinen.
Nein, ein riesiger Rottweiler.
Fast so groß wie ich.
Und 1000-mal schneller.
Nervös läuft das Tier hin und her.
Ich muss eigentlich an ihm vorbei.

Aber ich habe Angst.
Ich bleibe stehen.
Wie angewurzelt.

Eine Frau kommt mir entgegen.
Mit einer Leine in der Hand.
Ich rufe ihr zu:
„Können Sie bitte den Hund zu sich holen?"

„Hasso", ruft sie, „Hasso, komm hier her!"
Erst bin ich erleichtert.
Aber Hasso läuft nicht zu ihr, sondern zu mir.
Und das ganz schnell.
Angst-Schweiß läuft mir den Rücken runter.
Die Frau schreit lauter.
„Hasso, bei Fuß!"
Der Hund dreht um.

Aber jetzt schreit die Frau mich an.
Viel lauter als den Hund:
„Was ist eigentlich heute los?
Den ganzen Morgen schon
werde ich von alten Leuten angemacht.
Nur wegen dem Hund."

Leise rufe ich zu ihr rüber:
„Das hat doch nichts mit anmachen zu tun!
Ich habe doch nur höflich gefragt ..."

Sie unterbricht mich sofort.
Richtig wütend ist sie und schreit:
„Regen Sie sich bloß nicht so auf!
Denken Sie lieber an Ihr Herz!
Wenn Sie ruhig bleiben würden,
dann tut der Hund Ihnen nichts."

Leise sage ich:
„Ich stehe nur hier und rühre mich nicht.
Und es gibt doch Regeln für Hunde,
hier auf der Insel.
Um die Dünen zu schützen und die Tiere."

Die Frau wird ganz rot im Gesicht:
„Regeln? Dann halten Sie sich erst mal
selber an Regeln!
Von Höflichkeit haben Sie wohl
noch nie was gehört.
Und das in Ihrem Alter!"
Wütend macht sie den Hund an die Leine.
Schimpfend geht sie in Richtung Dorf.

Ich bin völlig durcheinander.
Was war das denn gerade?
Ich hatte doch nur Angst.
Und ich war höflich.
Ich wollte mit ihr reden.
Verständigung wollte ich.

Auch Verständnis:
Ich kenne ihren Hasso doch gar nicht.
Und er mich auch nicht.
Wenn er nicht auf sie hört,
dann erst recht nicht auf mich.
Vielleicht will er nur spielen.
Aber was und wie?
Ich kenne seine Spiel-Regeln nicht.
Und dann wird er sauer,
und springt mir ins Gesicht?
So wie die Frau.
Diese blöde Kuh!
Jetzt bin ich es, die sauer ist.

Am Strand gehe ich am Wasser entlang.
Erst ganz schnell.
So schnell wie mein Atem.
Nur langsam beruhige ich mich.
Meine Wut verwandelt sich in Tränen.
Ich habe keine Lust mehr zu joggen.
Ich höre nicht die Rufe der Möwen.
Ich sehe nicht den blauen Himmel.
Ich bin nur traurig.
Traurig, dass ich alt bin.
Und dass man es sieht.

Ich bin traurig, dass man sehen kann:
Ich bin alt.

Obwohl ich eine Mütze aufhabe und
die Frau meine Haare nicht sehen konnte.
Meine weißen Haare.
Und doch hat sie gesehen,
dass ich alt bin.
Woran hat sie gesehen,
was ich selber gar nicht merke?
Und warum war sie deshalb so von Hass erfüllt?

Wie ein scharfes, kaltes Messer tut das weh.
Weil sie es mir ins Gesicht geschrien hat.
Mein Alter.
Wie einen Vorwurf.
Voller Hass!
Als wäre es meine eigene Schuld.

Ich wische mir die Tränen ab.
Auf dem Rück-Weg gehe ich beim Bäcker vorbei.
Die anderen zuhause warten auf die Brötchen.
Mir selber ist der Appetit vergangen.

„Ich hatte so darauf gehofft", sagt sie.
Wie aus dem Nichts steht die Frau
plötzlich wieder vor mir.
Hier auf der Straße.
Kurz vor dem Bäcker.
„Ich hatte so gehofft, Sie wieder zu treffen."
Ihre Stimme klingt ganz anders.

Ganz anders als vorhin
auf dem Weg zum Strand.
Sie sieht mir in die Augen.
Dann stürzen die Worte aus ihr heraus:
„Ich habe Sie überall gesucht.
Ich musste Sie finden.
Ich habe mir die ganze Zeit gesagt:
Ich muss diese Frau suchen.
Ich muss mich bei dieser Frau entschuldigen.
Sonst lässt mich das nie mehr wieder los.
Es tut mir alles so leid.
Ich war so gemein zu Ihnen."

Ich kann es nicht glauben,
was hier passiert.
Ich suche nach Worten.
Ich sage ehrlich und leise:
„Es hat mir wirklich sehr weh getan."

„Ich weiß", sagt sie.
Ihr kommen Tränen in die Augen.
„Ich war so gehässig zu Ihnen.
Und ich weiß nicht, woher dieser ganze Hass
in mir kommt.
Bitte verzeihen Sie mir."

Vorsichtig berühre ich sie am Arm.
„Danke", sage ich.

„Danke für Ihre Worte.
Danke für dieses schöne Geschenk."

Wir gehen auseinander.
Wir drehen uns immer wieder um.
Jedes Mal winken wir uns dabei zu.
Wie zwei Verbündete.
Zwei Verbündete des Lebens.

Ein Buch für den König

Es war einmal ein König, der war sehr mächtig.
Aber der König war nicht zufrieden.
Er wollte noch mehr Macht haben.
Deshalb verkündete der König ein Gesetz:
Ab sofort durfte niemand mehr
das Wort *aber* aussprechen.
Denn der König glaubte,
dieses Wort schadet seiner Macht.

Sein Volk fand dieses Verbot
nicht weiter schlimm.
Denn das Volk war viel härtere Gesetze gewöhnt.
So ein kleines, kurzes Wort kam den Menschen
sehr unbedeutend vor.
Aber sie wunderten sich über die harte Strafe:
Denn wer das Wort *aber* aussprach,
der sollte sofort aus dem Land vertrieben werden.

Als der König eines Tages sein Gold zählte,
kam ihm dies zu wenig vor.
So rief er das Volk auf,
alles Geld und Gut bei ihm abzuliefern.
Weinend und wütend suchten die Menschen
ihr Erspartes und ihren Schmuck zusammen.
Der König nahm alles an sich
und freute sich an seiner neuen Macht.

Der König war rund und dick.
Denn er aß gut und viel.
Als er eines Tages seine Vorräte überprüfte,
kamen ihm auch diese zu wenig vor.
So rief er das Volk auf,
alle Speisen und Vorräte zu ihm zu bringen.
Die Bauern brachten Getreide, Obst
und das Fleisch ihrer Tiere zum Palast des Königs.
Sie waren zornig.
Und ihre Frauen und Kinder weinten.
Wovon sollten sie nun leben?
Doch keiner wagte, dem König zu widersprechen.

Das Volk hungerte.
Das Volk war arm.
Aber der König wollte noch mächtiger werden.
So verkündete er eines Tages ein weiteres Gesetz:
Alle, ob alt oder jung, Mann oder Frau,
alle sollten ihre Gedanken bei ihm abliefern.
Denn der König wollte die Macht
über ihre Gedanken besitzen.

Voller Angst und Schrecken hörten die Menschen
von dem neuen Gesetz.
Die Gedanken waren das Einzige,
was sie noch besaßen.
Die Gedanken waren das Einzige,
was sie noch am Leben erhielt.

Denn die Gedanken waren ihre letzte Hoffnung.
Und die wollten sie sich nicht nehmen lassen!

Eines Nachts trafen sie sich heimlich
auf dem Hof des ältesten Bauern.
Sie waren fest entschlossen,
gegen das neue Gesetz zu kämpfen.
Aber wie?
Sie waren hungrig und hatten keine Kraft mehr.
Sie besaßen keine Waffen,
und sie hatten nicht einmal mehr Geld,
um zu fliehen.

Plötzlich sprach der Älteste:
„Ich kenne eure Gedanken.
Sie sind dieselben wie meine.
Sie würden dem König nicht gefallen.
Denn in all unseren Gedanken steckt das Wort *aber*.
In all unseren Gedanken ist das Wort,
das der König verboten hat.
Wenn wir unsere Gedanken aussprechen,
werden wir aus dem Land vertrieben."

Der Alte hatte Recht.
Es wäre zu gefährlich,
die eigenen Gedanken auszusprechen.
Alle saßen da, mit gesenkten Köpfen.
Sie fanden keine Lösung.

Plötzlich trat eine junge Frau
in die Mitte des Raumes.
Es war Johanna, die Tochter des Schäfers.
Der Schäfer hatte sie nach dem Tod seiner Frau
in ein Kloster gegeben.
Johanna sprach:
„Der König hat uns alles genommen.
Wir können nur noch überleben,
weil wir heimlich Vorräte verstecken.
Wir haben kein Geld mehr,
um woanders Land oder Häuser zu kaufen.
Wir sind nicht mehr frei in unseren Worten.
Nur weil wir hoffen, haben wir noch Kraft.
Jetzt will er auch noch unsere Gedanken.
Die soll er haben! Gebt sie ihm!"

Erschrocken sahen alle zu Johanna.
Ihre Gedanken trugen doch alle
das Wort *aber* in sich:
Aber wovon sollen wir leben?
Aber was soll aus unseren Kindern werden?
Warum aber soll der König immer mächtiger werden?
Was aber kann uns in die Freiheit führen?

Johanna lächelte:
„Das Gesetz sagt:
Das Wort *aber* darf nicht vor dem König
ausgesprochen werden.

Aber das Gesetz sagt nicht:
Das Wort darf nicht geschrieben werden."

Erst als Johanna weitersprach,
verstanden die Menschen, was sie meinte.
Johanna hatte im Kloster das Schreiben gelernt.
„Wir werden unsere Gedanken aufschreiben",
sagte Johanna.
„In ein dickes Buch.
Und dieses Buch werden wir
dem König übergeben."

Am Ende desselben Monats war das Buch vollendet.
Johanna wollte es dem König selbst übergeben.
Auch wenn ihr Vater, der Schäfer, weinte und klagte.
Denn er fürchtete um Johannas Leben.
„Mir wird nichts zustoßen, Vater",
sagte die junge Frau.
Und alle bewunderten ihren Mut.

Johanna ritt zum Königs-Palast.
Die Wachen versperrten ihr sofort den Weg.
„Was willst du?", fragte einer von ihnen.
„Der König will nicht
durch das Volk gestört werden."

„Mein Herr", sprach Johanna.
„Ich erfülle nur ein Gesetz.

Ich überbringe die Gedanken des Volkes."
So wurde Johanna zum König vorgelassen.

„Majestät", sagte die junge Frau und verbeugte sich.
„In diesem Buch findet Ihr
die Gedanken Eures Volkes."
Der König war berührt von ihrer Schönheit.
Und er sagte milde:
„So so, in einem Buch.
Dann lest mir daraus einmal vor!"

„Oh nein, Majestät", sprach Johanna.
„Lesen, das könnt nur Ihr richtig gut.
Ihr habt so eine königliche Stimme.
Lest, mit dem lauten Klang
des mächtigen Herrschers!"

Der König fühlte sich geschmeichelt.
„So hört denn alle zu!", befahl er den Anwesenden.
Die Diener, die Richter, die Soldaten,
alle lauschten ihrem Herrn.
Der König las mit lauter Stimme vor:
„Warum *aber* soll der König
immer mächtiger werden?
Was *aber* kann uns in die Freiheit führen?"

In diesem Augenblick nickte der Richter
den Soldaten zu.

Denn in diesem Augenblick war
gegen ein Gesetz verstoßen worden.
Gegen ein Gesetz des Königs.
Er selbst hatte dagegen verstoßen.
Noch am selben Abend wurde der König
aus dem Land vertrieben.

Silbo

Fast jeden Tag nach der Arbeit
gehe ich in ein Garten-Café.
Café *Zur Platane* heißt es.
Die Platane ist ein sehr großer Baum.
Um ihn herum stehen Tische und Stühle.
Hier schalte ich erst mal ab.
Hier entspanne ich mich.
Bevor ich dann endlich nach Hause gehe.

Ich bestelle ein Glas Wein, einen Riesling.
Und dazu esse ich eine Butter-Brezel.
Herrlich!
Einfach nur da sitzen und nachdenken.
Oder an gar nichts denken.

Aber dieser Mann,
der ist mir schon länger aufgefallen.
Fast jeden Tag ist er da.
Mit seinem Hund.
Meistens kommt er ein bisschen später als ich.
Er bindet seinen Hund draußen an einem Stuhl fest.
Dann setzt er sich hin.

Die Bedienung kommt, begrüßt ihn und fragt:
„Einen Riesling? Wie immer?"
Der Mann nickt freundlich.

Wir trinken also denselben Wein.
Wir kommen fast immer zur selben Zeit.
Und immer ist der Hund dabei.

Wir sprechen nie miteinander.
Wir sehen uns nur kurz an.
So, als würden wir *Guten Tag* sagen.
So war das in der ersten Zeit.
Inzwischen sagen wir schon *Guten Tag* zueinander.
Aber mehr nicht.
Auf gar keinen Fall!
Ich will meine Ruhe.
Er will seine Ruhe.
Der Hund will seine Ruhe.

Die Platane muss sehr alt sein.
Sie ist riesig groß.
Wenn ich hier sitze,
schaue ich mir immer wieder
diesen prachtvollen Baum an.
Genauso wie der Mann es tut.
Genauso wie alle es tun, die hier sitzen.

Der Mann sieht manchmal zu mir herüber.
Nicht direkt.
Ich soll es ja nicht merken.
Ich merke es aber trotzdem.
Und dann bin ich beruhigt.

Manchmal warte ich darauf,
dass der Mann gleich hierher kommt.
Und wenn er ins Café kommt, weiß ich:
Er sucht nach mir.
Und er ist beruhigt, wenn ich da sitze.
Wie immer.

Eines Tages fallen die letzten Blätter
der Platane zu Boden.
Der Herbst ist zu Ende.
Wenn ich atme,
sehe ich Nebel aus meinem Mund kommen.
Die Stühle und Tische stehen schon lange
nicht mehr draußen.
Aber viel schlimmer ist:
Der Mann kommt nicht mehr hierher.
Und ich verstehe das nicht.

Er muss doch weiter mit dem Hund nach draußen!
Ein Hund muss doch immer Gassi gehen.
Auch im Winter.
Auch im Advent oder an Weihnachten.
Aber der Mann kommt nicht mehr hierher.

Ich sitze jetzt immer drinnen, im Café.
Ich trinke heißen Tee.
Ich mache mir Vorwürfe:
Warum habe ich ihn nie mal angesprochen?

Warum habe ich nicht wenigstens
nach seinem Namen gefragt?
Nicht einmal in einer Todes-Anzeige
könnte ich ihn wiederfinden.
Weil ich nicht einmal seinen Namen weiß.
Vielleicht ist er gestürzt?
Oder er liegt in einem Krankenhaus.
Und der Hund?
Was wird aus dem Hund?
Und was wird aus mir?
Jetzt bin ich wirklich einsam.

Kurz vor Weihnachten gehe ich jeden Tag in das Café.
Ich habe zwar Urlaub.
Aber was soll ich damit?
Ich gehe in das Café, wie zu meiner Arbeit.
Ich bleibe so lange wie möglich.
Doch der Mann kommt nicht.

Ich will nicht nach Hause gehen.
Ich will im Café bleiben und auf ihn warten.
Ich will auf keinen Fall wieder alleine sein.
Nicht wieder an Weihnachten.
Ich will nicht wieder in die Kerzen starren.
Und auch nicht in den Fernseher.

Ich frage die Bedienung,
ob sie den Mann gesehen hat.

Sie schüttelt den Kopf.
Sie ruft in die Küche:
„Henri, hast du den Mann mit dem Hund gesehen?"
„Nö", schreit der Kellner aus der Küche.
„Der kommt doch schon lange nicht mehr."
Ich zucke zusammen.

Warum habe ich nie mit ihm geredet?
Warum habe ich mich nie zu ihm gesetzt?
Für einen Moment wenigstens.
Ich weiß doch:
Er hat darauf gewartet.

Jetzt ist alles vorbei.
Was soll ich hier noch?
Ich muss, ich will hier weg!

„La Gomera", sagt die Frau im Reise-Büro.
„Wir haben noch ein letztes Angebot
für die Insel La Gomera.
Gehört zu Spanien,
ist auf der Höhe von Nord-Afrika,
mitten im Meer.
Schön warm da.
Das ist bestimmt das Richtige für Sie."
Ich buche Flug und Hotel
und kaufe mir einen Reise-Führer.
Ein Buch über La Gomera.

Im Flugzeug kann ich gar nicht aufhören zu lesen.
La Gomera ist eine geheimnisvolle Insel.
Sie ist aus Vulkanen entstanden.
Aus Bergen unter dem Meer.
Aus Bergen, die Feuer speien.
Und:
Es gibt hier eine ganz besondere Sprache.
Eigentlich spricht man ja Spanisch auf dieser Insel.
Aber es gibt noch eine andere Sprache.
Die Pfeif-Sprache.
Silbo heißt sie.
Und die gibt es nur auf dieser Insel.
Die Leute pfeifen nicht nur einfach Töne.
Nein, die Leute pfeifen ganze Wörter, ganze Sätze.
Und alle Kinder lernen diese Pfeif-Sprache
in der Schule.

So was gibt es doch nicht, denke ich.
Das Flugzeug rumpelt.
Wir sinken ein wenig ab.
Es schaukelt.

Ich lese weiter:
Früher gab es kein Handy und oft kein Telefon.
Aber La Gomera hat riesige Berge und tiefe Täler.
Große Entfernungen.
Deshalb gab es die Pfeif-Sprache.
Damit konnte man sich Botschaften schicken:

„Vorsicht, es sind Piraten an der Küste!"
oder:
„Pass auf, die Polizei ist im Dorf!"

Das konnte man nicht einfach nur rufen.
Denn Rufen reicht nur 500 Meter weit.
Dann hört man es nicht mehr.
Oder nur noch ganz undeutlich.
Aber die Pfeif-Sprache, die reicht 3000 Meter weit.
Bis heute.
„Wo bist du, Schatz? Es gibt Abendessen",
pfeift dann eine Frau auf La Gomera.
Und der Mann pfeift zurück:
„In einer Stunde bin ich zu Hause."

Ich kann das nicht glauben.
Dieses Pfeifen, das will ich unbedingt
mal selber hören.

Als wir landen, komme ich
in die Wirklichkeit zurück.
Ich schließe das Buch
und lasse mich zum Hotel fahren.

Mein Hotel ist klein und gemütlich.
In der Eingangs-Halle steht ein Weihnachts-Baum.
Für die Touristen.
Ach ja.

Jetzt fällt es mir wieder ein:
Heute ist Heilig-Abend.
Draußen sind es 20 Grad.

Vor dem Weihnachts-Essen
mache ich noch einen Spaziergang.
Ich gehe aus dem Tal hinauf auf einen Berg.
Von hier oben höre ich das Rauschen der Palmen.
Von hier oben sehe ich den Nebel
an den noch höheren Bergen.

Und da, plötzlich!
Da höre ich das Pfeifen.
Eine Melodie.
Sie saust durch die Luft.
Von einem Berg zu dem anderen.
Und wieder zurück:
Von dem anderen Berg zu dem einen.

Das muss *Silbo* sein.
Die Pfeif-Sprache.
Wie Vögel, die miteinander sprechen.
Laute Vögel.
Wie Papageien, die reden wie Menschen.
Oder Menschen, die reden wie Vögel.
Hin und her zischt das Pfeifen durch die Luft.
Ich halte den Atem an.
Die Pfiffe schallen von den Bergen durch die Täler.

Was für eine wunderbare Musik der Wörter!
Wie schön es ist, miteinander zu reden!

Plötzlich höre ich einen anderen Pfiff.
Einen Pfiff auf Deutsch.
Wie soll das denn gehen?
Hier auf La Gomera?
Ich schüttele meinen Kopf.
Ich bin wohl ziemlich durcheinander.

Aber ich kenne diesen Pfiff.
Dieses Pfeifen.
Das kenne ich.

Ich drehe mich um.
Und da steht er.
Er steht da.
Der Mann mit seinem Hund.
Er hat nach seinem Hund gepfiffen.
So, wie immer, bei der Platane.

Er sieht mich an wie ein Wunder.
Genauso wie ich ihn jetzt ansehe.
Deshalb also war er nicht mehr
in dem Garten-Café.

„Sie machen auch Urlaub hier?", fragt er mich.
Ich nicke.

„Frohe Weihnachten", sagt er.
„Frohe Weihnachten", sage ich.

Der Hund läuft voraus.
Und wir beide hinterher.

Über Marion Döbert

Marion Döbert wird 1956 in Essen geboren.
Sie macht ihr Diplom in Erziehungs-Wissenschaften
und arbeitet drei Jahre an der Universität in Siegen.
Danach unterrichtet sie an der Volks-Hochschule
in Bielefeld Erwachsene in Lesen und Schreiben.
Dort ist sie seit vielen Jahren Fachbereichs-Leiterin
für Alphabetisierung und für Gesundheit.

Mit anderen zusammen gründet sie
den Bundesverband für Alphabetisierung
und Grundbildung e.V.
Der Verband setzt sich für die Interessen
von Menschen ein, die Probleme
mit dem Lesen und Schreiben haben.
Es gibt über 6 Millionen Erwachsene
in Deutschland, die nicht ausreichend
lesen und schreiben können.
Marion Döbert ist seit über zehn Jahren
im Vorstand des Vereins.

Für ihren Einsatz erhält Marion Döbert 2003
das Bundes-Verdienst-Kreuz am Bande.
2011 wird sie zur *Botschafterin*
für Alphabetisierung und Grundbildung
ausgezeichnet.

Seit 2013 ist Marion Döbert Autorin
beim *Spaß am Lesen-Verlag*.
Für den Verlag schreibt sie bekannte Bücher,
Filme und Dreh-Bücher um in *Einfache Sprache*.
Bisher sind von ihr erschienen:
*Das Wunder von Bern; Arno Geiger: Der alte König
in seinem Exil; Erich Maria Remarque: Im Westen
nichts Neues; Sophie Scholl – Die letzten Tage; Marie-
Sabine Roger: Das Labyrinth der Wörter; Die fetten
Jahre sind vorbei; Im Juli; Antoine Leiris: Meinen Hass
bekommt ihr nicht; Aus dem Nichts; Siegfried Lenz:
Schweigeminute; Heinrich Böll: Erzählungen; Franz
Kafka: Die Verwandlung.*

Eigene Romane von ihr in Einfacher Sprache sind:
*Papierkind; Rosa Meer; Ein Sommer in Tanum; Zum
Nachtisch: Leben!; Du wolltest doch ...; Wildes Lesen;
Raues Brot; Sie nannten mich Unkraut* und *Mondflut.*

Einmal Schnitzel mit Buch ist ihr erster Band
mit Kurz-Geschichten. Einige der Geschichten
wurden als „Verschenk-Geschichten" für
den Bundesverband Alphabetisierung und
Grundbildung e.V. (mit freundlicher Unterstützung
durch die Ernst Klett Sprachen GmbH) geschrieben
und für diesen Band neu bearbeitet.

Wörter-Liste

Seite 7: Konzept
Idee; Vorstellung; Programm

Seite 9: Lampion
Laterne aus Papier

Seite 9: Literatur
Bücher und Texte wie Romane, Gedichte oder auch Fachbücher. Das wissenschaftliche Studium von Literatur heißt Literaturwissenschaft.

Seite 9: Lokal
Restaurant

Seite 10: Renner
großer Erfolg

Seite 10: Wok
Pfanne mit hohen Seitenwänden

Seite 10: Stäbchen
dünne Stäbe aus Holz oder Plastik als Ess-Besteck bei asiatischen Speisen, statt Messer und Gabel

Seite 10: schleppen
etwas Schweres tragen

Seite 10: die Stellung halten
nicht weggehen; nicht aufgeben

Seite 10: bitter nötig
unbedingt notwendig

Seite 11: Kult
sehr beliebt

Seite 11: Behörde
Amt

Seite 12: rattern
hier: schnell über etwas nachdenken

Seite 13: praktisch
hier: in der Wirklichkeit

Seite 14: theoretisch
nur gedacht; nicht wirklich

Seite 14: Simulator
Gerät, in dem man alle Abläufe für das Fliegen
lernen kann; so wie in einem echten Flugzeug

Seite 14: Cockpit
Kabine, von der aus der Pilot
ein Flugzeug steuert

Seite 14: Cessna
Bezeichnung für ein kleines, leichtes Flugzeug, das von der Firma Cessna gebaut wird.

Seite 14: Head-Set
Kopf-Hörer mit Mikrofon und Lautsprecher

Seite 14: Boden-Kontrolle
Flughafen-Mitarbeiter, die vom Boden aus für die Flug-Sicherheit sorgen

Seite 14: Freigabe
Erlaubnis; Zustimmung

Seite 14: Piste
Start- und Landebahn auf dem Flug-Platz

Seite 16: Tower
Turm für Flughafen-Mitarbeiter zum Überwachen der Flug-Sicherheit

Seite 16: Mikro
Abkürzung für Mikrofon; Gerät zur Aufzeichnung oder Verstärkung von Sprache

Seite 18: Schwäche-Anfall
plötzlich sehr schwach werden; schwindelig oder ohnmächtig werden

Seite 18: feiner Kerl
netter Mensch

Seite 19: Alb-Traum
schrecklicher Traum, der Angst macht

Seite 19: Sink-Flug
Flug, bei dem ein Flugzeug vor dem Landen
an Höhe verliert

Seite 19: Lande-Klappen
Klappen an den Flügeln von einem Flugzeug.
Wenn sie ausgefahren werden,
erhöht sich der Widerstand gegen die Luft
und das Flugzeug wird langsamer.

Seite 20: Roll-Feld
Start- und Landebahnen, auf denen ein Flugzeug rollt

Seite 20: Schutz-Engel
Engel, der einen Menschen beschützt;
himmlisches Wesen in der christlichen Religion

Seite 20: schmunzeln
lächeln

Seite 22: vibrieren
wackeln; zittern

Seite 22: kein Risiko eingehen
nichts Gefährliches tun

Seite 28: dehnen
ausstrecken

Seite 29: Umkleide
Abkürzung für Umkleide-Räume

Seite 31: im Boden versinken
am liebsten weg sein; verschwinden

Seite 34: Kummer
Traurigkeit; Sorgen

Seite 35: Rheinland-Pfalz
Bundes-Land im Süd-Westen von Deutschland

Seite 35: Rhein
über 1000 Kilometer langer Fluss, der in der
Schweiz entspringt, durch Deutschland fließt und
in den Niederlanden in die Nordsee mündet

Seite 35: Dichter
jemand, der Gedichte schreibt

Seite 35: Lore Lay
eine Erzählung in Gedicht-Form von Clemens

Brentano (1778 – 1842) über eine Frau, die alle
Männer verzaubert. Diese Frau heißt Lore Lay.
Sie wurde von ihrem Liebsten verlassen.
Darunter leidet sie, aber auch darunter, dass sie
mit ihrer Schönheit alle Männer ins Unglück treibt.
Auch andere Dichter haben über die Lore Lay
oder auch Loreley geschrieben und die Geschichte
immer wieder verändert.

Seite 37: Jungfrau
hier: die Lore Lay

Seite 39: Krieg
hier: Zweiter Weltkrieg (1939 – 1945)

Seite 40: über die Runden kommen
mit dem Wenigen auskommen, was man hat

Seite 40: Juden-Stern
1933 bis 1945 herrschten Adolf Hitler und seine
Anhänger, die Nationalsozialisten, in Deutschland.
Sie sahen Juden als minderwertige Menschen an.
Deshalb schlossen sie die Juden aus der Gesellschaft
aus, verfolgten und ermordeten sie.
Ab September 1941 mussten alle Juden in
Deutschland einen gelben Stern an ihrer Kleidung
tragen. Auf dem Stern stand das Wort „Jude".
So sollte man Juden sofort erkennen können.

Wer Juden versteckte oder ihnen bei der Flucht half, wurde schwer bestraft.

Seite 41: SS

Die SS war eine militärische Organisation der Nationalsozialisten. Sie war sehr mächtig, bekämpfte alle Gegner von Hitler und ging grausam gegen die Juden vor. Sie verbreitete Angst und Schrecken und sicherte so die Macht von Hitler. Die SS war für die Ermordung der Juden in Europa und für viele andere Verbrechen verantwortlich. SS ist die Abkürzung für *Schutz-Staffel*.

Seite 42: untertauchen

sich verstecken

Seite 43: Auschwitz

Auschwitz ist der deutsche Name für eine kleine Stadt in Polen. Die Stadt war im Zweiten Weltkrieg von Deutschland besetzt.
1940/41 errichteten die Deutschen hier das größte deutsche Konzentrations- und Vernichtungs-Lager. In dem Konzentrations-Lager (KZ) wurden die Gefangenen zur Arbeit gezwungen.
In dem Vernichtungs-Lager wurden die Gefangenen, die nicht mehr arbeiten konnten, in Gas-Kammern ermordet. Die Gefangenen waren meistens Juden aus ganz Europa.

Von den insgesamt 6 Millionen ermordeten Juden starben 1,1 bis 1,5 Millionen in Auschwitz.

Seite 43: verschleppen

jemanden gegen seinen Willen mit Gewalt an einen anderen Ort bringen

Seite 43: Sinti und Roma

Sinti und Roma sind Volks-Gruppen, die man früher abwertend Zigeuner nannte. Sie kamen vor vielen hundert Jahren von Nord-West-Indien. Durch Krieg, Verfolgung, Vertreibung oder aus wirtschaftlicher Not waren sie heimatlos geworden und siedelten sich in Europa an. Es gab und gibt bis heute viele Vorurteile gegenüber Sinti und Roma. Für die Nationalsozialisten waren Sinti und Roma minderwertige Menschen. Sie verfolgten sie brutal, verschleppten sie in Konzentrationslager und brachten etwa 500.000 von ihnen um.

Seite 43: Homo-Sexuelle

Männer, die Männer, und Frauen, die Frauen lieben

Seite 43: Zeugen Jehovas

Christliche Religions-Gemeinschaft, die sich im alltäglichen Leben streng nach ihrer eigenen Übersetzung der Bibel richtet. Die Zeugen Jehovas wurden von den Nationalsozialisten verfolgt und in

Konzentrations-Lager verschleppt, weil sie gegen Hitler und gegen den Krieg waren.

Seite 44: Arbeits-Lager
In der Zeit des Nationalsozialismus Straf-Lager, in denen die Gefangenen zu schwerer Arbeit gezwungen wurden. Viele starben daran. Wer nicht mehr arbeiten konnte, wurde ermordet.

Seite 44: Fratze
hässliches Gesicht, vor dem man Angst hat

Seite 45: Tätowierung
ein Bild, das mit Nadel und Tinte in die Haut gestochen wird

Seite 45: unverdächtig
hier: nicht auffallen; harmlos sein

Seite 45: Leere
ohne Inhalt; ein Leben ohne Sinn

Seite 47: Rottweiler
deutsche Hunde-Rasse

Seite 47: kuscheln
jemanden, den man gern hat, an sich drücken

Seite 47: schmusen
mit jemandem zärtlich sein

Seite 47: Dackel
deutsche Hunde-Rasse

Seite 48: anmachen
jemanden beschimpfen

Seite 49: Düne
Sand-Berg am Meer

Seite 49: Verständigung
sich mit anderen einigen;
sich verstehen

Seite 50: Verständnis
selber verstanden werden;
jemand anderen verstehen können

Seite 50: Möwe
Vogel, der an der Küste lebt

Seite 52: gehässig
gemein

Seite 54: verkünden
bekannt machen

Seite 54: Geld und Gut
alles, was wertvoll ist

Seite 57: Kloster
Wohngebäude, in denen Männer (Mönche) oder
Frauen (Nonnen) nach den Regeln ihrer Religion
leben

Seite 58: vollendet
fertig

Seite 58: zustoßen
jemandem passiert etwas Schlimmes

Seite 59: Majestät
Titel und Anrede von Kaiser und Königen

Seite 59: sich verbeugen
Kopf und Oberkörper zur Begrüßung leicht nach
vorne bewegen

Seite 59: milde
sanft; zart;
nicht streng

Seite 59: sich geschmeichelt fühlen
glauben, dass man von einer anderen Person
gelobt wird

Seite 59: lauschen
sehr aufmerksam zuhören

Seite 60: gegen das Gesetz verstoßen
etwas Verbotenes tun

Seite 61: Riesling
eine bestimmte Sorte Weiß-Wein

Seite 61: Brezel
Gebäck aus süßem oder salzigem Hefe-Teig

Seite 63: Gassi gehen
mit einem Hund draußen spazieren gehen

Seite 63: Advent
die vier Wochen vor Weihnachten

Seite 65: La Gomera
eine der sieben Kanarischen Inseln im Atlantischen Ozean; gehört zu Spanien; liegt 1300 km von Spanien und 300 km von Afrika entfernt

Seite 66: speien
spucken

Seite 66: rumpeln
ein lautes Geräusch machen

Seite 68: schallen

Töne verbreiten sich laut und hörbar von einem Ort zum anderen.